하나님의 식탁
At God's Table

지은이
Written by

María Eugenia Cornou, Carrie Steenwyk, & John D. Witvliet

일러스트
Illustrated by

Joel Schoon-Tanis

The Calvin Institute of Christian Worship wishes to thank Sarah Chun, Chan Gyu Jang, Jonghun Joo, and Byung Gook Kim for their help with the Korean translation.

CICW BOOKS
an imprint of Calvin College Press
3201 Burton St. SE
Grand Rapids, Michigan 49546
calvin.edu/press

Names: Cornou, María Eugenia, author. | Steenwyk, Carrie, author. | Witvliet, John D., author. | Schoon-Tanis, Joel, illustrator.
Title: Hananim-ui sigtag = 하나님의 식탁 = At God's table / written by María Eugenia Cornou ; Carrie Steenwyk ; John D. Witvliet ; Illustrated by Joel Schoon-Tanis.
Description: Grand Rapids, MI: CICW Books, an imprint of Calvin College Press, 2017.
Identifiers: ISBN 978-1-937555-27-6 | LCCN 2017962384
Summary: A bilingual children's book that explores the symbolic practice of the Lord's Supper as a multi-faceted event that nourishes the faith of Christian worshiping communities.
Subjects: LCC Fasts and feasts—Juvenile literature. | Bible stories. | Christian life—Juvenile literature. | Church year—Juvenile literature. | BISAC RELIGION / Christian Education / Children & Youth | JUVENILE NONFICTION / Religion / General | JUVENILE NONFICTION / Religion / Bible Stories / General | JUVENILE NONFICTION / Religious / Christian / Holidays & Celebrations
Classification: LCC BV30 .C685 2017 | DDC 263/.9—dc23

예수님은 죽음이 가까이 다가왔을 때 제자들과 함께 마지막 식사를 하셨습니다. 그것은 유월절을 기념하기 위한 특별한 만찬이기도 했습니다. 이스라엘 백성들은 하나님께서 그들과 하신 약속들을 얼마나 잘 지키셨고 또 그들을 어떻게 구원하셨는지를 기억하기 위해서 유월절 만찬을 나눴습니다.

Near the end of his life, Jesus gathered with the disciples for their last meal together before his death. This special Passover celebration was a time to remember how God kept his promises and saved the people of Israel.

우리는 이 만찬을 함께 나누면서, 우리가 세상 모든 곳에서 살고 있는 하나님의 백성들의 일부라는 사실을 기억합니다. 하나님은 우리를 사랑하시고 우리와 하신 약속들을 꼭 지키십니다.

When we celebrate together, this meal reminds us that we are part of God's people everywhere. God loves us and keeps promises to us.

식사가 시작되자, 예수님께서는 감사의 기도를 드리셨습니다.

As the meal began, Jesus said a prayer of thanks.

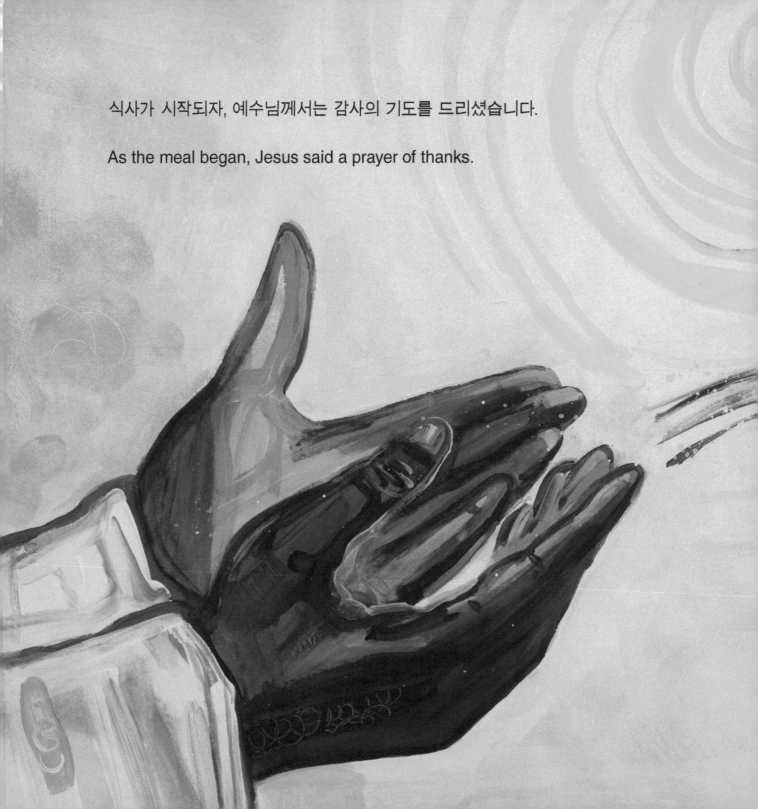

우리도 먹고 마시기 전에 하나님께 감사를 드립니다. 하나님께서 만드신 세상과 하나님께서 주시는 희망을 인해 감사를 드립니다. 또 하나님께서 우리를 창조하시고, 사랑하시고, 우리가 자라날 수 있도록 도와주심을 인해 감사를 드립니다.

Before we eat and drink, we also thank God for the world God made and the hope God gives. We thank God for creating us, loving us, saving us, and helping us grow.

감사기도를 드리신 후에, 예수님께서는 빵을 떼시면서 말씀하셨습니다. "이것은 나의 몸이다." 그리고 잔을 채우시면서 말씀하셨습니다. "이것은 나의 피이다."

After giving thanks, Jesus broke bread and said, "This is my body." Then he poured a cup and said, "This is my blood."

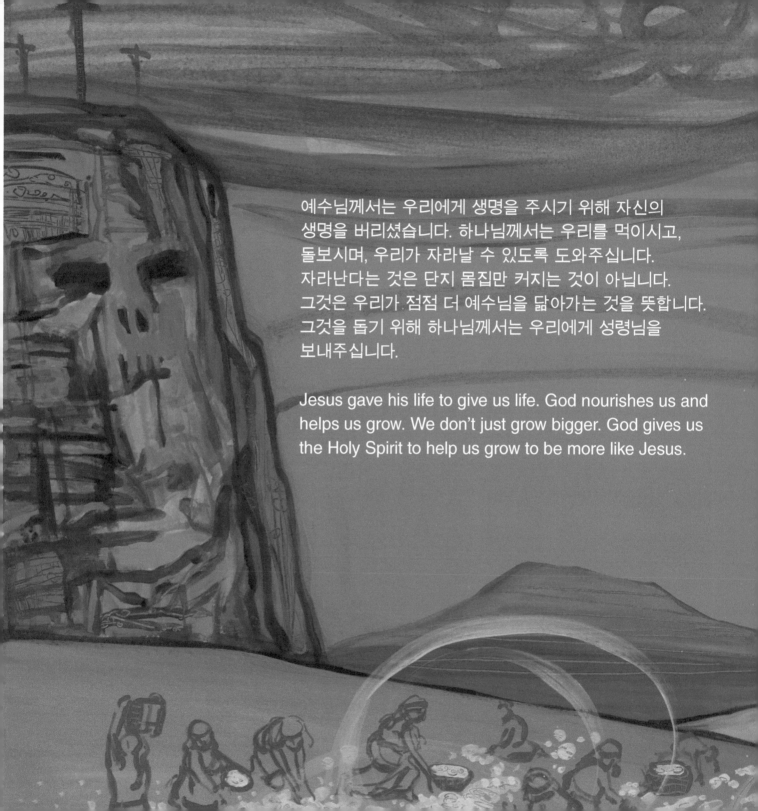

예수님께서는 우리에게 생명을 주시기 위해 자신의
생명을 버리셨습니다. 하나님께서는 우리를 먹이시고,
돌보시며, 우리가 자라날 수 있도록 도와주십니다.
자라난다는 것은 단지 몸집만 커지는 것이 아닙니다.
그것은 우리가 점점 더 예수님을 닮아가는 것을 뜻합니다.
그것을 돕기 위해 하나님께서는 우리에게 성령님을
보내주십니다.

Jesus gave his life to give us life. God nourishes us and
helps us grow. We don't just grow bigger. God gives us
the Holy Spirit to help us grow to be more like Jesus.

예수님께서는 그의 친구들과 함께 빵과 잔을 나누셨습니다.

Jesus shared the bread and cup with his friends.

우리들도 예수님의 친구들과 함께 빵과 잔을 나눕니다. 큰 자, 작은 자, 부자, 가난한 자, 가까운 곳에 있는 자, 먼 곳에 있는 자, 모두가 다 예수님의 친구들입니다. 예수님께서는 빵과 잔을 주시면서 말씀하셨습니다. "이 빵은 너희를 위한 나의 몸이다. 이 잔은 너희를 위해 흘리는 나의 피이다." 하나님은 우리에게 놀라운 선물을 주십니다. 비록 우리가 눈으로 직접 예수님을 볼 수는 없지만, 예수님은 실제로 우리와 함께 계십니다. 마치 우리가 맛보는 빵과 나누는 잔이 정말 거기에 있는 것처럼 말입니다.

We also share with Jesus' friends who are big and small, rich and poor, nearby and far away. When Jesus passed the bread and cup, he said, "This is my body given for you. This cup is poured out for you." God gives us an amazing gift. Even though we can't see Jesus with our eyes, he is as real as the bread we taste and the cup we share.

예수님께서는 이어 말씀하셨습니다. "나의 몸과 나의 피는 너희의 죄를 용서하기 위해서 주어지는 것이다."

Jesus continued, "My body and my blood are given for the forgiveness of your sins."

예수님께서는 우리의 죄를 용서하시고, 깨어진 세상을 치료하시기 위해 사셨고, 죽으셨고, 또 부활하셨습니다. 우리는 이러한 하나님의 용서와 치료가 새로운 생명을 가져다 줌을 인해 기뻐하고 즐거워합니다.

Jesus lived, died, and rose to forgive our sins and heal the brokenness of the world. We celebrate that God's forgiveness and healing gives new life!

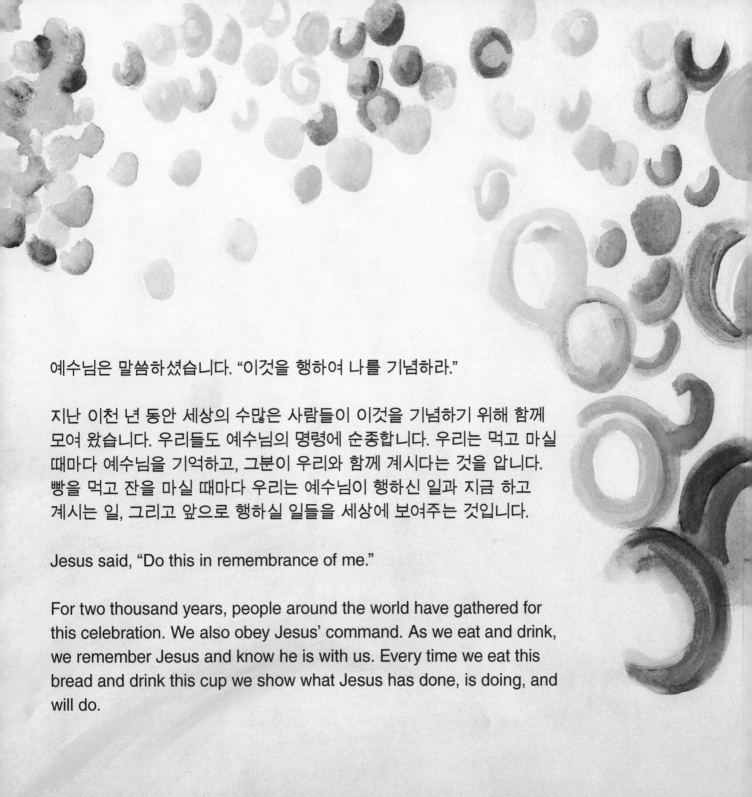

예수님은 말씀하셨습니다. "이것을 행하여 나를 기념하라."

지난 이천 년 동안 세상의 수많은 사람들이 이것을 기념하기 위해 함께 모여 왔습니다. 우리들도 예수님의 명령에 순종합니다. 우리는 먹고 마실 때마다 예수님을 기억하고, 그분이 우리와 함께 계시다는 것을 압니다. 빵을 먹고 잔을 마실 때마다 우리는 예수님이 행하신 일과 지금 하고 계시는 일, 그리고 앞으로 행하실 일들을 세상에 보여주는 것입니다.

Jesus said, "Do this in remembrance of me."

For two thousand years, people around the world have gathered for this celebration. We also obey Jesus' command. As we eat and drink, we remember Jesus and know he is with us. Every time we eat this bread and drink this cup we show what Jesus has done, is doing, and will do.

이 만찬에 참여할 때, 우리는 예수님의 삶을 되돌아 보고, 또
예수님께서 사랑하시는 사람들을 둘러보게 됩니다. 그리고
예수님께서 다시 오실 때 예수님의 모든 친구들이 하나님과 함께 먹고
마시게 될 것을 기대합니다.

As we share this feast, we look back to Jesus' life, we look around
to see those Jesus loves, and we look forward to a time when
Jesus' friends will eat together with God when Jesus comes again.

사랑과 능력의 하나님, 예수님을 세상에 보내주셔서 감사합니다. 하나님과 우리, 그리고 우리들 서로의 사이를 갈라놓았던 모든 것들을 예수님의 삶과 죽음과 부활을 통해 없애 주셔서 감사합니다. 우리가 예수님의 사랑을 함께 나눌 수 있도록 우리를 불러 모아 주셔서 감사합니다. 성령님을 보내주셔서 우리가 예수님과 서로를 더욱 사랑할 수 있도록 해주세요. 예수님의 이름으로 기도 드립니다, 아멘.

Loving and powerful God, thank you for sending Jesus to live, die, and rise to take away all that separates us from you and each other. Thank you for bringing us together to share his love. Send your Holy Spirit on us so that we can love Jesus and love each other more and more. In Jesus' name we pray, Amen.

여러분은 보았나요?
Did you see?

구유 안에 계신 예수님
Jesus in a manger

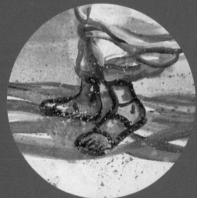

물 위를 걸으시는 예수님
Jesus walking on water

선한 목자
the Good Shepherd

이 책의 그림들 속에 이야기들이 숨어 있습니다.
어떤 것들은 예수님을 떠올리게 하고, 어떤 것들은 성경의 다른 이야기들과 장면들을 떠올리게 합니다.
그것들을 찾을 수 있나요? 다른 것들도 찾을 수 있나요?

Stories are hidden in the pictures of this book.
Some remind us of Jesus. Some remind us of other Bible stories and images.
Can you find them? Can you find others?

앞을 못 보는 사람을 고치시는 예수님
Jesus healing the blind

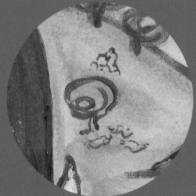

겟세마네 동산에 계신 예수님과 제자들
Jesus and disciples in Gethsemane

발을 씻기시는 예수님
Jesus washing feet

십자가를 지고 가시는 예수님
Jesus carrying the cross

예수님의 상처들
Jesus' wounds

생명의 강
the river of life

유월절 문
the Passover door

만나를 모음
gathering of manna

별들을 세는 아브라함
Abraham counting stars

희생제사의 양
a lamb for sacrifice

배에서 뛰어내리는 베드로
Peter jumping out of the boat

선한 사마리아인
the good Samaritan

포도나무
the vine

어른들을 위한 안내

이 책 '하나님의 식탁'은 우리가 하나님을 보고, 알고, 사랑하는 것을 돕기 위해 만들어졌습니다.

주님의 만찬 혹은 성만찬은 마치 잘 깎여진 다이아몬드와 같아서 아름다운 의미를 지닌 다양한 면들로 구성되어 있습니다. 성만찬은:

- 감사하는 마음으로 예수님의 생애를 기억하는 시간입니다.
- 예수님의 죽으심과 부활이 우리에게 생명을 준다는 것을 선포하는 시간입니다.
- 우리에게 주신 하나님의 약속들을 감사함으로 기억하고, 하나님을 향한 우리의 약속들을 새롭게 하는 시간입니다.
- 예수님 그리고 우리들 서로간의 교제와 하나 됨을 경험하는 시간입니다.
- 하나님으로부터 영적인 양식을 공급받는 시간입니다.
- 만물이 완전히 새롭게 되기를 소망하며 미래를 바라보는 시간입니다.

이 책은 기독교 신앙의 이런 여러 측면들에 대해 우리가 감사하고, 또 거기서 얻은 기쁨을 우리가 돌보는 아이들과 함께 나누도록 우리를 초대하고 있습니다.

주님의 만찬의 의미들에 대해 더 깊이 있게 알고 싶다면, 이 책이 기초하고 있는 성경 본문들을 아이들과 함께 읽어 볼 것을 권합니다. 그것은 사복음서에 나오는 마지막 만찬 이야기들(마태복음 26:17–19, 마가복음 14:12–25, 누가복음 22:7–28, 요한복음 13:21–30)과 주의 만찬을 온전하게 기념하라는 바울의 권면들(고린도전서 10:14–22, 고린도전서 11:17–34) 등입니다.

우리는 여러분이 이 책을 읽음을 통해 간증과 기도제목을 나누는 아름다운 시간을 가질 수 있게 되기를 기도합니다. 그리고 이 책이 그런 경험을 나누는 아이들과 어른들 모두에게 큰 도움이 될 수 있기를 바랍니다.

Note to adults

At God's Table helps us see, know, and love God.

The Lord's Supper or Communion is like a multi-faceted diamond with beautiful layers of meaning. It is a time:

- for remembering Jesus' life with thanksgiving,
- for proclaiming the life-giving significance of Jesus' death and resurrection,
- for savoring God's promises to us and renewing our promises to God,
- for experiencing fellowship and unity with Jesus and each other,
- for receiving spiritual nourishment from God, and
- for looking ahead with hope to the complete renewal of all things.

This book is an invitation to express gratitude for each of these dimensions of Christian faith and to share our excitement about them with children in our care.

As you continue to explore the meaning of the Lord's Supper, we encourage you to read with children the Bible texts on which this book is based. These include the descriptions of the Last Supper in the four gospels (Matthew 26:17–29, Mark 14:12–25, Luke 22:7–28, John 13:21–30) and Paul's instructions about celebrating the Lord's Supper with integrity (1 Corinthians 10:14–22, 1 Corinthians 11:17–34).

We pray that reading this book will create space for beautiful moments of testimony and shared prayer. We hope this will be enriching for both the children and adults who share this experience.

CPSIA information can be obtained
at www.ICGtesting.com
Printed in the USA
LVHW071517280120
645062LV00002B/8